Impressum
Verlag: BABADADA GmbH, Nedderfeld 112 , 22529 Hamburg
Geschäftsführer / Verlagsleitung: Harald Hof
Druck: Books on Demand GmbH, In de Tarpen 42, 22848 Norderstedt

Imprint
Publisher: BABADADA GmbH, Nedderfeld 112 , 22529 Hamburg, Germany
Managing Director / Publishing direction: Harald Hof
Print: Books on Demand GmbH, In de Tarpen 42, 22848 Norderstedt

shule

okul

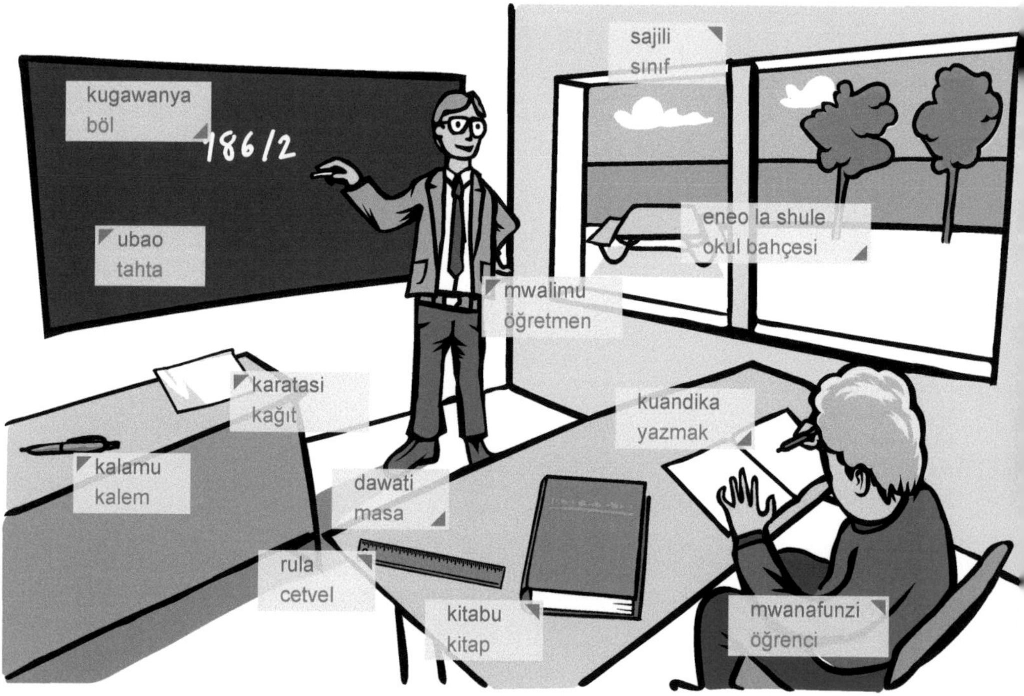
sajili
sınıf
kugawanya
böl
186/2
ubao
tahta
eneo la shule
okul bahçesi
mwalimu
öğretmen
karatasi
kağıt
kuandika
yazmak
kalamu
kalem
dawati
masa
rula
cetvel
kitabu
kitap
mwanafunzi
öğrenci

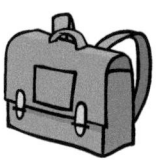

mkoba

okul çantası

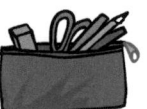

kikasha cha penseli

kalemlik

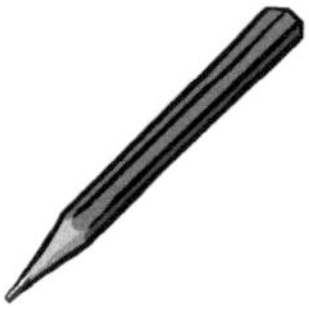

penseli

kurşun kalem

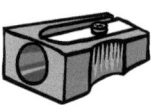

kichonga penseli

kalem açacağı

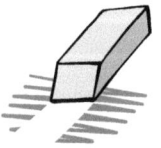

mpira

silgi

pedi ya kuchora

çizim defteri

uchoraji

çizim

brashi ya rangi

resim fırçası

sanduku la rangi

boya kutusu

mkasi

makas

gundi

tutkal

daftari

alıştırma kitabı

kazi ya nyumbani

ödev

nambari

sayı

jumlisha

ekle

ondoa

çıkar

zidisha

çarp

kokotoa

hesapla

barua

harf

alfabeti

alfabe

neno

kelime

maandishi

metin

kusoma

okumak

chaki

tebeşir

somo

ders

sajili

kayıt

uchunguzi

sınav

cheti

sertifika

sare za shule

okul forması

elimu

eğitim

elezo

ansiklopedi

chuo kikuu

üniversite

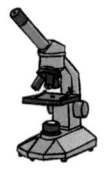

darubini

mikroskop

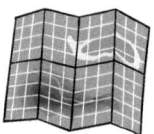

ramani

harita

kikapu cha kuweka karatasi chafu

kağıt çöp kutusu

usafiri
seyahat

hoteli
otel
Grand
hosteli
pansiyon
ROOMS
ofisi ya ubadilishanaji
döviz bürosu
sanduku
bavul
gari
otomobil

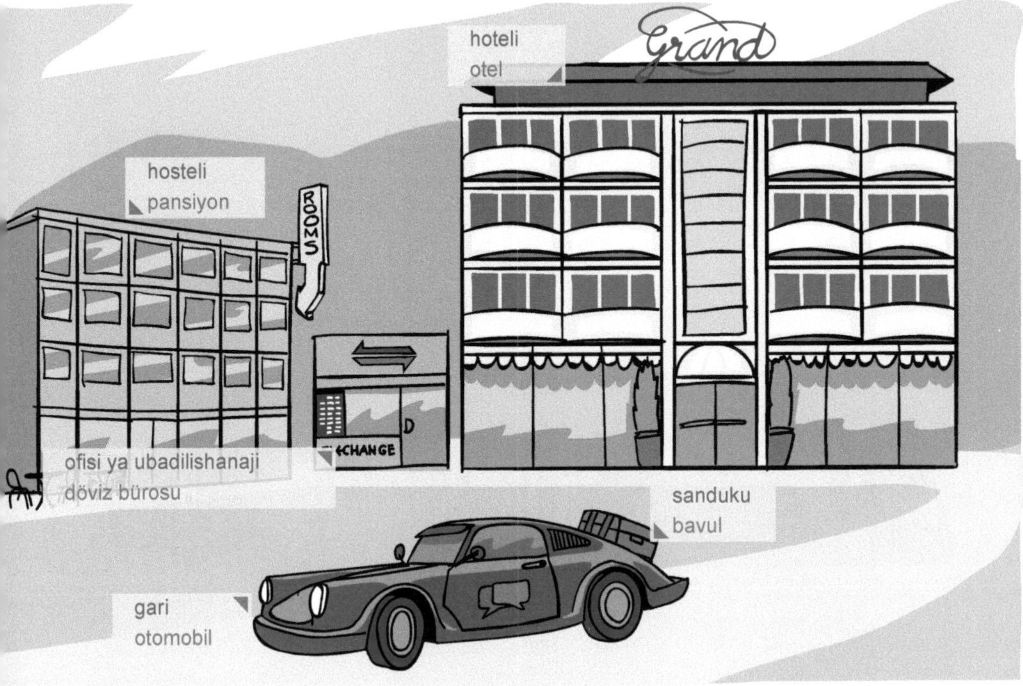

lugha

dil

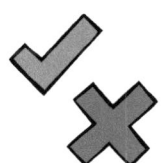

ndiyo / la

evet / hayır

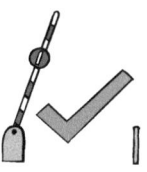

sawa

Tamam

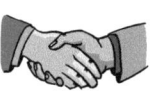

hujambo

merhaba

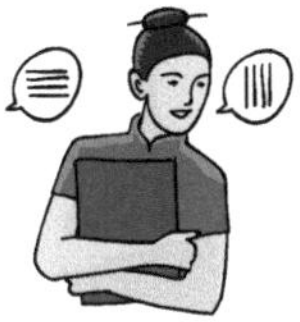

mtafsiri

çevirmen

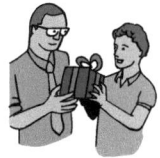

Asante

Teşekkür ederim

kiasi gani ni ...?

bu ... ne kadar?

Sielewi

anlamadım

tatizo

problem

Jioni njema!

İyi akşamlar!

Habari za asubuhi!

Günaydın!

Usiku mwema!

İyi geceler!

kwa heri

güle güle

mwelekeo

yön

mizigo

bagaj

mfuko

çanta

shanta

sırt çantası

mgeni

misafir

chumba

oda

begi la kulalia

uyku tulumu

hema

çadır

taarifa ya utalii

turist danışma

ufuo

sahil

kadi

kredi kartı

kifunguakinywa

kahvaltı

chakula cha mchana

öğle yemeği

chakula cha jioni

akşam yemeği

tiketi

Bilet

kuinua

asansör

muhuri

pul

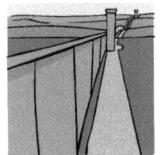

mpaka

sınır

mila

gümrük

ubalozi

elçilik

visa

vize

pasipoti

pasaport

usafiri

ulaşım

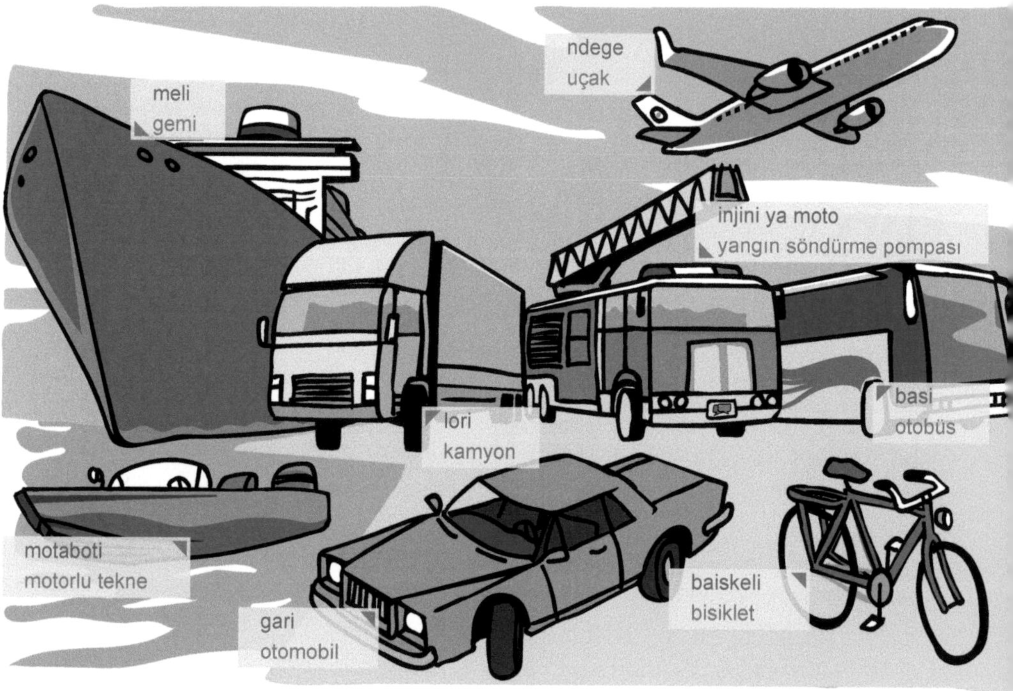

ndege
uçak
meli
gemi
injini ya moto
yangın söndürme pompası
basi
otobüs
lori
kamyon
motaboti
motorlu tekne
baiskeli
bisiklet
gari
otomobil

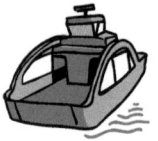

feri

feribot

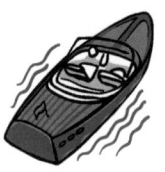

mashua

bot

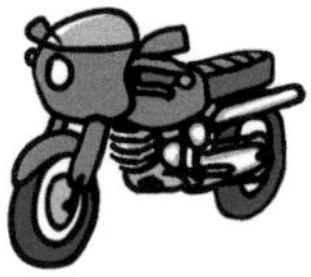

pikipiki

motosiklet

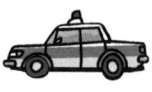

gari la polisi

polis arabası

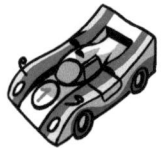

gari la mashindano

yarış arabası

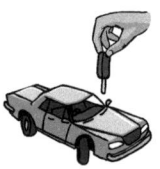

gari la kukodisha

kiralık araba

kushiriki gari

ortak araba

lori la kuvuta

çekici

ukusanyaji taka

çöp kamyonu

motor

motor

mafuta

yakıt

kituo cha mafuta

benzinlik

ishara trafiki

trafik işareti

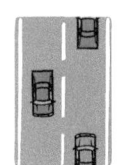

trafiki

trafik

msongamano

trafik sıkışıklığı

maegesho

otopark

kituo cha treni

tren istasyonu

reli

ray

garimoshi

tren

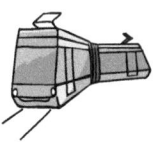

tremu

tramvay

gari la mizigo

vagon

helikopta
helikopter

uwanja wa ndege
havaalanı

mnara
kule

abiria
yolcu

chombo
konteyner

katoni
koli

mkokoteni
yük arabası

kikapu
sepet

ondoka
kalkış / iniş

jiji
şehir

kijiji
köy

katikati ya jiji
şehir merkezi

nyumba
ev

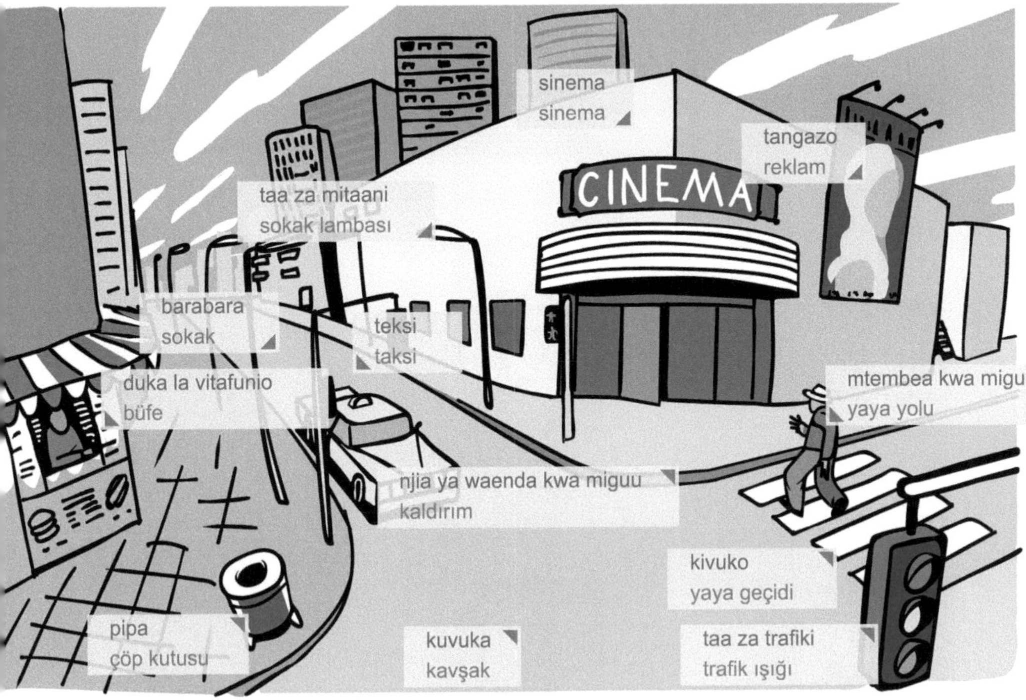

sinema
sinema

tangazo
reklam

taa za mitaani
sokak lambası

CINEMA

barabara
sokak

teksi
taksi

duka la vitafunio
büfe

mtembea kwa miguu
yaya yolu

njia ya waenda kwa miguu
kaldırım

kivuko
yaya geçidi

pipa
çöp kutusu

kuvuka
kavşak

taa za trafiki
trafik ışığı

kibanda
kulübe

gorofa
apartman dairesi

kituo cha treni
tren istasyonu

ukumbi wa mji
belediye binası

Makavazi
müze

shule
okul

chuo kikuu

üniversite

benki

banka

hospitali

hastane

hoteli

otel

duka la dawa

eczane

ofisi

ofis

duka la kitabu

kitapçı

duka

mağaza

duka la maua

çiçekçi

dukakuu

süpermarket

soko

market

idara ya kuhifadhi

büyük mağaza

mwuza samaki

balık satıcısı

kituo cha ununuzi

alışveriş merkezi

bandari

liman

Hifadhi
park

benki
bank

daraja
köprü

vidato
merdiven

chini ya ardhi
metro

handaki
tünel

kituo cha mabasi
otobüs durağı

bar
bar

mgahawa
restoran

sanduku la posta
posta kutusu

ishara ya barabara
sokak tabelası

mita ya maegesho
otopark sayacı

bustani ya wanyama
hayvanat bahçesi

kidimbwi cha kuogelea
yüzme havuzu

msikiti
cami

shamba

çiftlik

uchafuzi

kirlilik

makaburini

mezarlık

kanisa

kilise

uwanja wa michezo

oyun alanı

hekalu

tapınak

mazingira
arazi

jani
yaprak

ishara ya mwelekeo
yön tabelası

njia
yol

malisho
çayır

jiwe
taş

mtembeaji wa masafa
yürüyüşçü

mti
ağaç

mto
ırmak

nyasi
çimen

ua
çiçek

bonde
vadi

kilima
tepe

ziwa
göl

msitu
orman

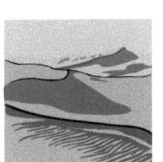

jangwa
çöl

volkano
volkan

ngome
kale

upinde wa mvua
gökkuşağı

uyoga
mantar

mtende
palmiye

mbu
sivrisinek

kuruka
sinek

chungu
karınca

nyuki
arı

buibui
örümcek

mende

böcek

chura

kurbağa

kuchakuro

sincap

nungunungu

kirpi

sungura

yabani tavşan

bundi

baykuş

ndege

kuş

swan

kuğu

nguruwe mwitu

yaban domuzu

kulungu

geyik

aina ya kongoni

geyik

bwawa

baraj

tabo ya upepo

rüzgar türbini

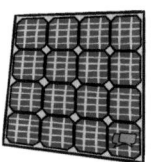

nishaji ya jua

güneş paneli

hali ya hewa

iklim

mgahawa
restoran

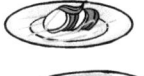

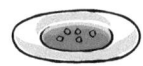

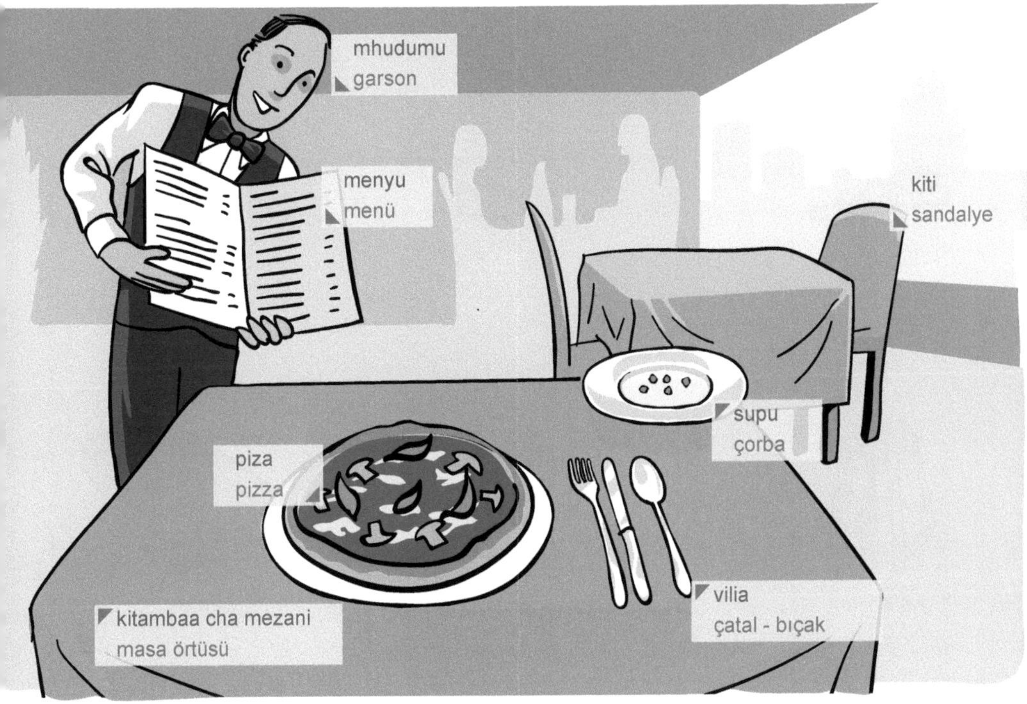

mhudumu
garson
menyu
menü
kiti
sandalye
supu
çorba
piza
pizza
vilia
çatal - bıçak
kitambaa cha mezani
masa örtüsü

kiamsha hamu
....
başlangıç

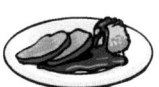

kozi kuu
....
ana yemek

kitindamlo
....
tatlı

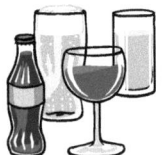

vinywaji
....
içecekler

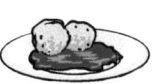

chakula
....
yemek

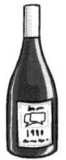

chupa
....
şişe

chakula cha haraka

fastfood

Streetfood

sokak yemeği

buli

çaydanlık

kisanduku cha sukari

şekerlik

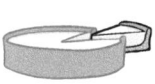

sehemu

porsiyon

mashine ya espresso

espresso makinesi

kiti kirefu

mama sandalyesi

muswada

fatura

trei

tepsi

kisu

bıçak

uma

çatal

kijiko

kaşık

kijiko cha chai

çay kaşığı

nepi

servis peçetesi

glasi

bardak

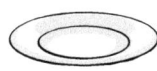

sahani
tabak

sahani ya supu
çorba kasesi

sufuria
fincan altlığı

mchuzi
sos

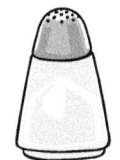

kichanyaji chumvi
tuzluk

kinu cha pilipili
karabiber değirmeni

siki
sirke

mafuta
yağ

viungo
baharat

kechapu
ketçap

haradali
hardal

kachumbari nzito
mayonez

dukakuu
süpermarket

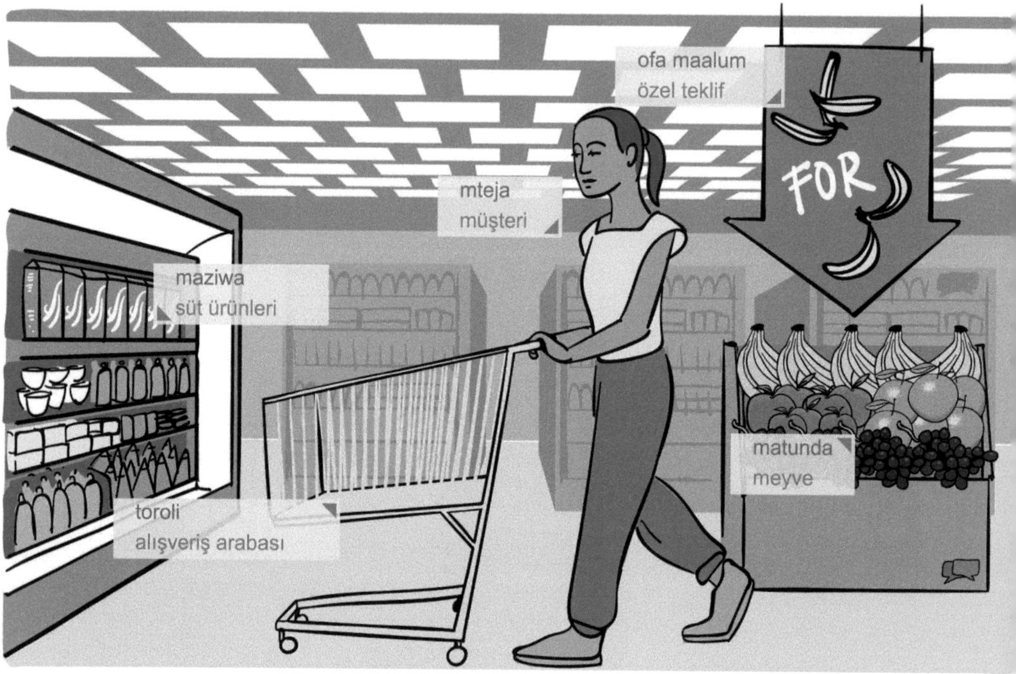

ofa maalum
özel teklif
FOR
mteja
müşteri
maziwa
süt ürünleri
matunda
meyve
toroli
alışveriş arabası

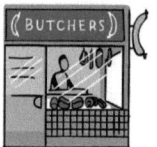

BUTCHERS

mchinjaji

kasap

BAKERY

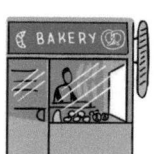

mwokaji

fırın

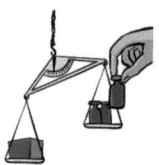

uzito

tartmak

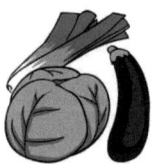

mboga

sebze

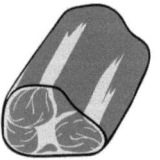

nyama

et

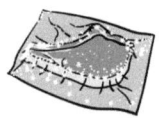

chakula waliohifadhiwa

donmuş gıda

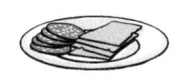

ipande vya nyama baridi

söğüş et

chakula cha kopo

konserve yiyecek

sabuni ya unga

toz deterjan

pipi

şekerlemeler

bidhaa za kaya

ev temizlik ürünleri

bidhaa za kusafisha

temizlik ürünleri

mtu mauzo

satış görevlisi

mpaka

yazar kasa

keshia

kasiyer

orodha ya manunuzi

alışveriş listesi

masaa ya ufunguzi

açılış saatleri

mkoba

cüzdan

kadi

kredi kartı

mfuko

çanta

mfuko wa plastiki

plastik poşet

maji

su

sharubati

meyve suyu

maziwa

süt

coke

kola

mvinyo

şarap

bia

bira

pombe

alkol

kakao

kakao

chai

çay

kahawa

kahve

spreso

espresso

kapuchino

kapuçino

ndizi

muz

tufaha

elma

machungwa

portakal

tikiti

kavun

lemon

limon

karoti

havuç

kitunguu saumu

sarımsak

mianzi

bambu

kitunguu

soğan

uyoga

mantar

karanga

çerez

nudo

makarna

spageti

spagetti

mpunga

pirinç

saladi

salata

vibanzi

cips

viazi vya kukaanga

patates kızartması

piza

pizza

hambaga

hamburger

sandwichi

sandviç

kipande

şinitzel

paja la mnyama

pastırma

salami

salam

soseji

sosis

kuku

tavuk

choma

rosto

samaki

balık

oats ya uji

yulaf ezmesi

muesli

müsli

cornflakes

mısır gevreği

unga

un

kroisanti

kruvasan

andazi

küçük ekmek

mkate

ekmek

mkate wa kubanika

tost

biskuti

bisküvi

siagi

tereyağı

maziwa mgando

kaymak

keki

kek

yai

yumurta

yai kukaanga

sahanda yumurta

jibini

peynir

chakula - yemek

aiskrimu

dondurma

sukari

şeker

asali

bal

jemu

reçel

kuenea kwa chokoleti

fındık ezmesi

mchuzi wa viungo

köri

chakula - yemek

shamba
çiftlik

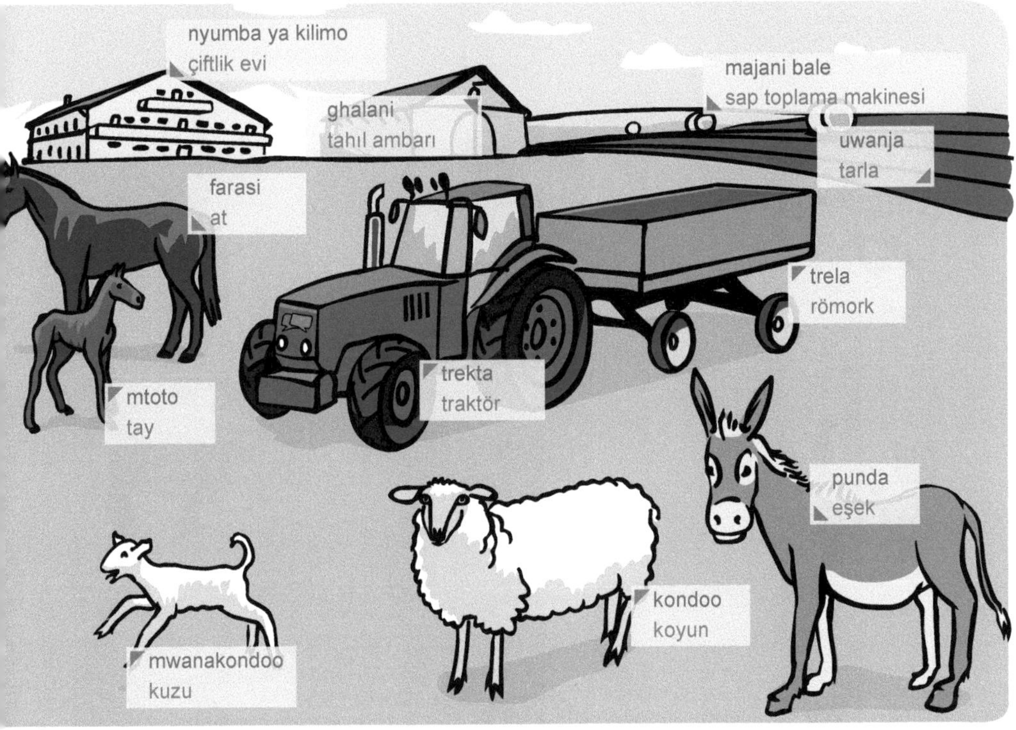
nyumba ya kilimo
çiftlik evi
ghalani
tahıl ambarı
majani bale
sap toplama makinesi
uwanja
tarla
farasi
at
trela
römork
trekta
traktör
mtoto
tay
punda
eşek
kondoo
koyun
mwanakondoo
kuzu

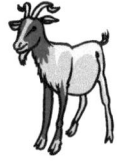

mbuzi

keçi

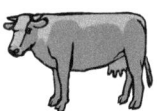

ng'ombe

inek

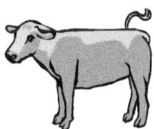

ndama

buzağı

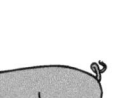

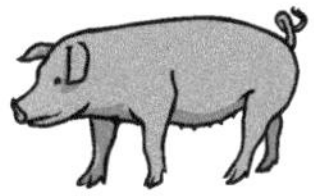

nguruwe

domuz

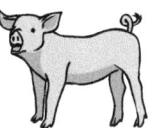

mwananguruwe

domuz yavrusu

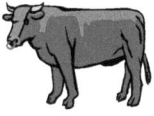

fahali

boğa

batabukini

kaz

bata

ördek

kifaranga

civciv

kuku

tavuk

jogoo

horoz

panya

sıçan

paka

kedi

panya

fare

ng'ombe

öküz

mbwa

köpek

nyumba ya mbwa

köpek kulübesi

bomba la bustani

bahçe hortumu

debe la kumwagilia maji

sulama kabı

fyekeo

tırpan

kulima

pulluk

mundu

orak

jembe

çapa

uma wa nyasi

dirgen

shoka

balta

toroli

el arabası

kupitia nyimbo

yemlik

chombo cha maziwa

süt kovası

gunia

çuval

ua

çit

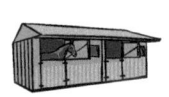

imara

ahır

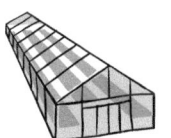

chafu

sera

udongo

toprak

mbegu

tohum

mbolea

gübre

kivunaji

biçerdöver

mavuno

hasat etmek

mavuno

harman

viazi vikuu

tatlı patates

ngano

buğday

soya

soya

viazi

patates

mahindi

mısır

rapa

kolza

mti wa matunda

meyve ağacı

muhogo

manyok

nafaka

hububat

nyumba
ev

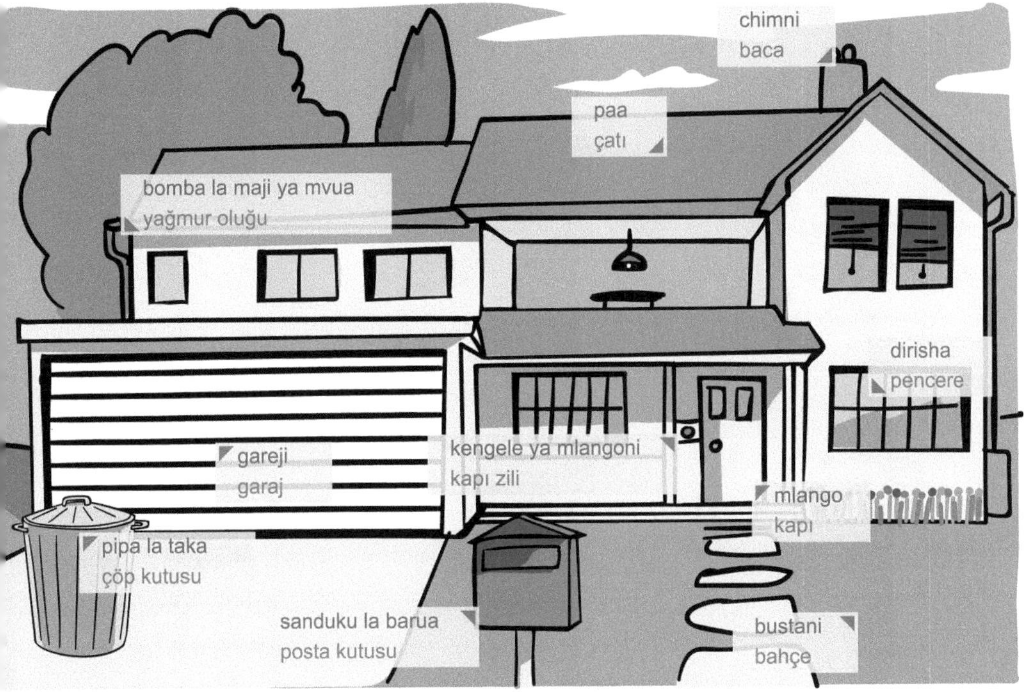

chimni
baca
paa
çatı
bomba la maji ya mvua
yağmur oluğu
dirisha
pencere
gareji
garaj
kengele ya mlangoni
kapı zili
mlango
kapı
pipa la taka
çöp kutusu
sanduku la barua
posta kutusu
bustani
bahçe

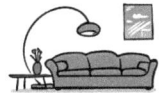

sebuleni

oturma odası

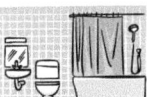

bafu

banyo

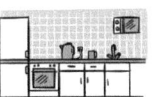

jikoni

mutfak

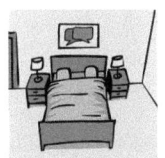

chumba cha kulala

yatak odası

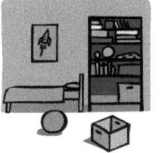

chumba ya mtoto

çocuk odası

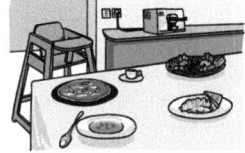

chumba cha kulia

yemek odası

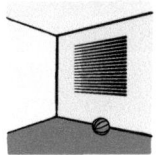

sakafu
....
zemin

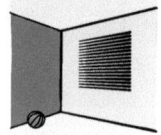

ukuta
....
duvar

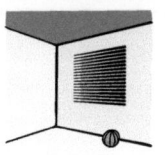

dari
....
tavan

pishi
....
kiler

sauna
....
sauna

roshani
....
balkon

mtaro
....
teras

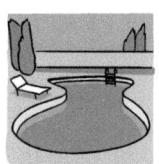

kidimbwi
....
havuz

mashine ya kukata nyasi
....
çim biçme makinesi

karatasi
....
çarşaf

kitambaa cha kupamba
kitanda
....
yatak örtüsü

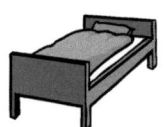

kitanda
....
yatak

ufagio
....
süpürge

ndoo
....
kova

kubadili
....
anahtar

sebuleni

oturma odası

mandhari
duvar kağıdı
picha
resim
taa
lamba
rafu
raf
kabati
dolap
televisheni/runinga
televizyon
mekoni
şömine
ua
çiçek
mto
minder
sofa
kanepe
chombo cha maua
vazo
kitenzambali
uzaktan kumanda

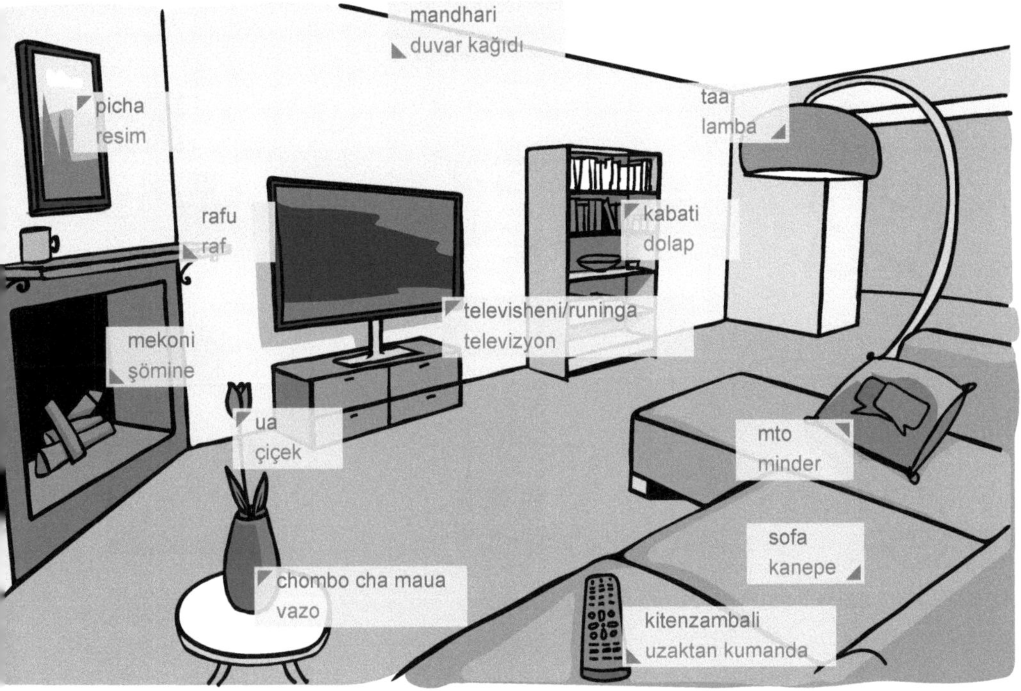

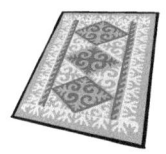

zulia

halı

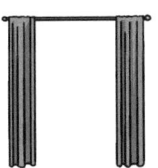

pazia

perde

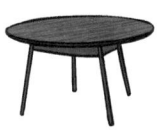

meza

masa

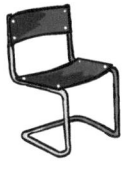

kiti

sandalye

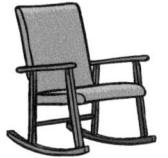

kiti cha bembea

salıncaklı koltuk

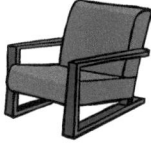

armchair

koltuk

kitabu

kitap

blanketi

battaniye

mapambo

dekor

kuni

odun

filamu

film

kifaa cha hi-fi

hi-fi

ufunguo

anahtar

gazeti

gazete

uchoraji

tablo

bango

poster

redio

radyo

daftari

defter

kifyonza

elektrikli süpürge

dungusi kakati

kaktüs

mshumaa

mum

jikoni
mutfak

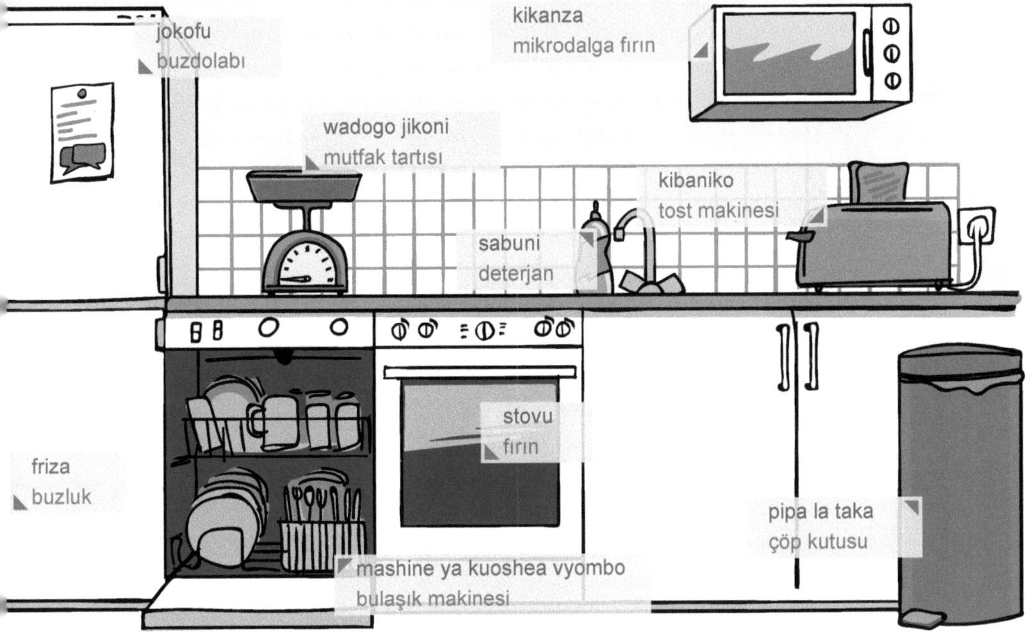
jokofu
buzdolabı
kikanza
mikrodalga fırın
wadogo jikoni
mutfak tartısı
kibaniko
tost makinesi
sabuni
deterjan
stovu
fırın
friza
buzluk
pipa la taka
çöp kutusu
mashine ya kuoshea vyombo
bulaşık makinesi

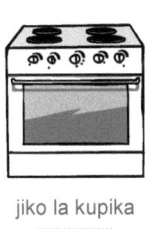

jiko la kupika

ocak

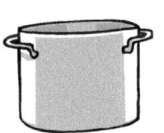

chungu

tencere

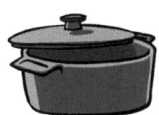

sufuria ya chuma

döküm tencere

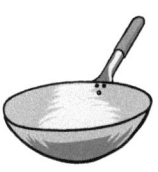

wok / kadai

wok

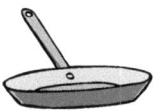

kaango

tava

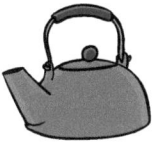

birika

su ısıtıcı

stima

buharlı pişirici

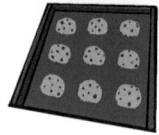

sinia ya kuoka

pişirme tepsisi

vyombo vya udongo

tabak takımı

kombe

kupa

bakuli

kase

vijiti vya kulia

çubuk (çin yemeği)

ukawa

kepçe

mwiko mpana

spatula

burashi

çırpma teli

kichujio

süzgeç

chujio

elek

mbuzi

rende

chokaa

havan

barbeque

barbekü

moto wazi

açık ateş

ubao wa majaribio

kesme tahtası

kijiti cha kusukuma unga

merdane

kizibuo

tirbüşon

kopo

konserve kutusu

inaweza kopo

konserve açacağı

kishikio cha chungu

fırın eldiveni

karo

evye

brashi

fırça

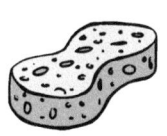

sifongo

sünger

kisagaji matunda

blender

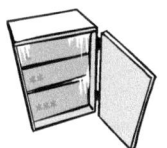

friji ya kina

derin dondurucu

chupa ya mtoto

biberon

bomba

musluk

jikoni - mutfak

bafu

banyo

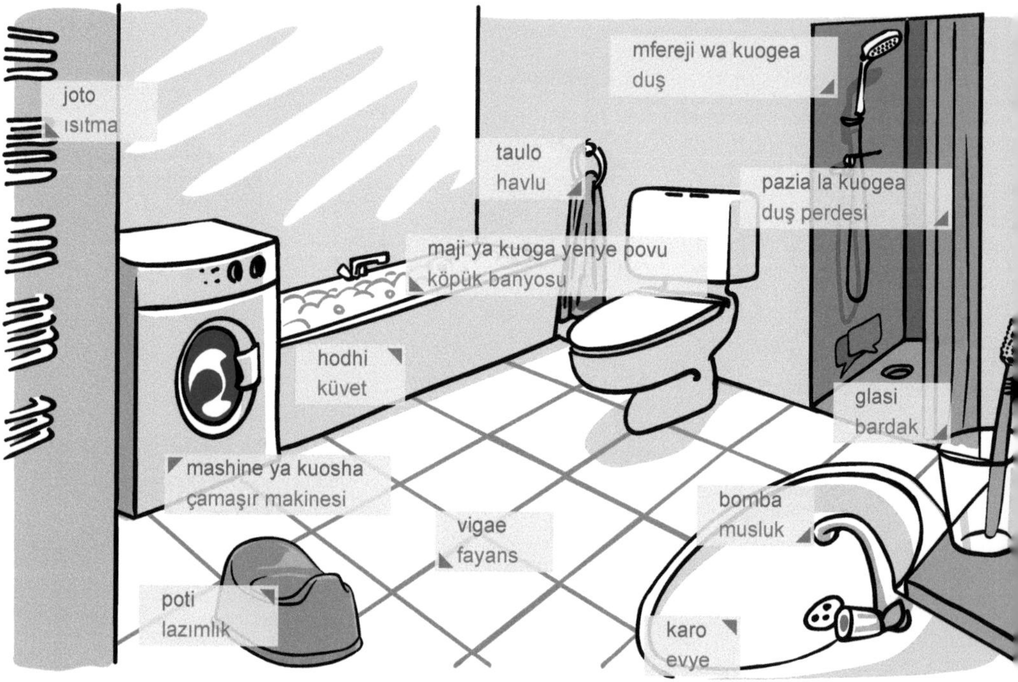
joto
ısıtma
mfereji wa kuogea
duş
taulo
havlu
pazia la kuogea
duş perdesi
maji ya kuoga yenye povu
köpük banyosu
hodhi
küvet
glasi
bardak
mashine ya kuosha
çamaşır makinesi
bomba
musluk
vigae
fayans
poti
lazımlık
karo
evye

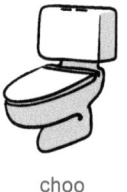

choo
tuvalet

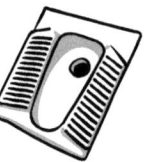

choo cha squat
alaturka tuvalet

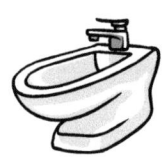

beseni la mviringo
bide

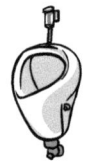

choo cha umma
pisuvar

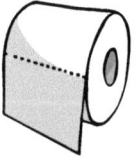

shashi
tuvalet kağıdı

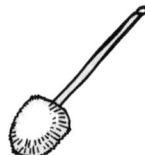

brashi ya choo
tuvalet fırçası

mswaki

diş fırçası

dawa ya meno

diş macunu

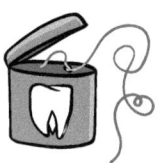

dawa ya meno

diş ipi

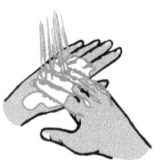

safisha

yıkamak

kuoga mkono

duş başlığı

msukumo wa maji

duş başlığı şeklinde taharet musluğu

bonde

küvet

mpako wa pili

banyo fırçası

sabuni

sabun

jeli ya kuogea

duş jeli

shampuu

şampuan

flana

banyo lifi

toa maji

gider

krimu

krem

kiondoa harufu

deodorant

kioo

ayna

kioo mkono

el aynası

kinyozi

jilet

povu la kunyoa

tıraş köpüğü

baada ya kunyoa

tıraş losyonu

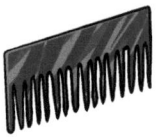

kichana

tarak

brashi

fırça

kikausha nywele

saç kurutma makinesi

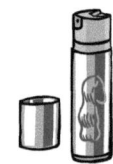

marashi ya nyewele

saç spreyi

vipodozi

makyaj

kidomwa

ruj

varnish ya msumari

tırnak cilası

pamba

pamuk

mkasi wa kucha

tırnak makası

manukato

parfüm

mkoba wa kuosha

makyaj çantası

kinyesi

tabure

mizani

tartı

nguo ya kuoga

bornoz

glavu za mpira

lastik eldiven

kisodo

tampon

sodo

kadın pedi

kemikali choo

kimyevi tuvalet

chumba ya mtoto

çocuk odası

saa ya kengele
çalar saat
kidoli cha kupakata
peluş oyuncak
gari bandia
oyuncak araba
kelele
çıngırak
chumba cha midoli
bebek evi
sasa
hediye

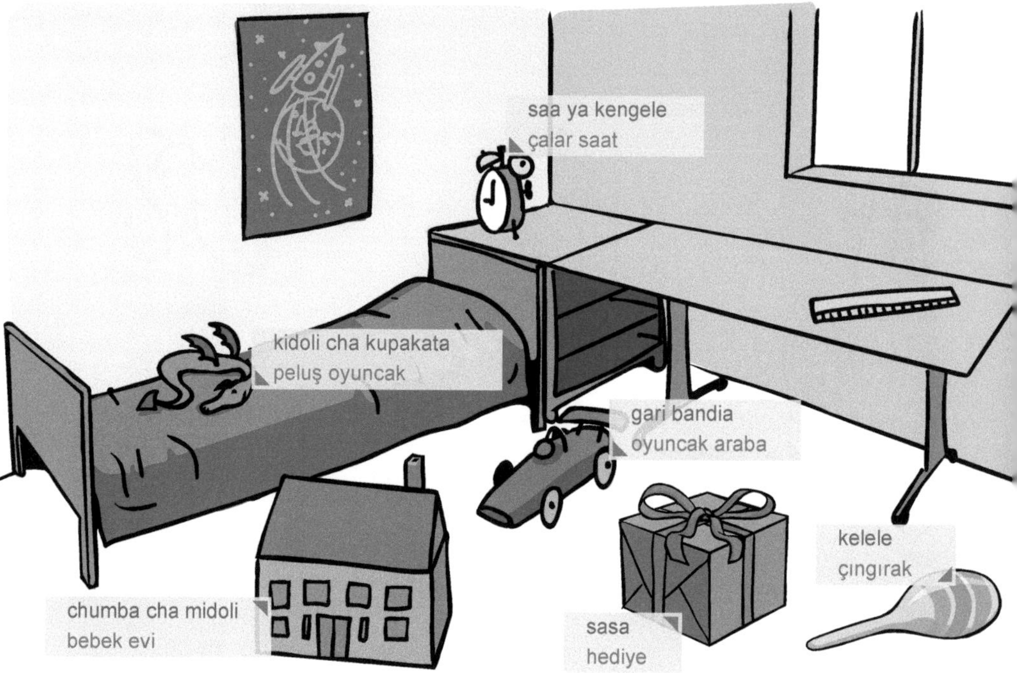

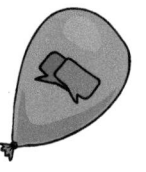

baluni

balon

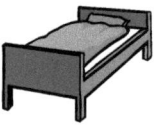

kitanda

yatak

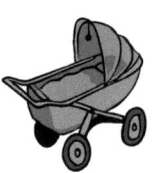

mashua

bebek arabası

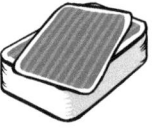

staha ya kadi

kart destesi

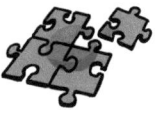

mchezo-fumb

yapboz

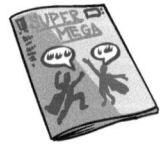

vichekesho

çizgi roman

matofali lego

lego tuğlaları

vitalu mwigo

lego blokları

hatua takwimu

aksiyon figürü

suti ya kulalia

zıbın

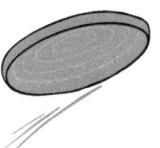

kisahani

frizbi

simu

dönence

ubao wa michezo

masa oyunu

kete

zar

garimoshi mwigo

model tren seti

dummy

emzik

chama

parti

picha kitabu

resimli kitap

mpira

top

kikaragosi

oyuncak bebek

kucheza

oynamak

shimo la mchanga

kum havuzu

bembea

salıncak

vitu bandia

oyuncaklar

kiweko cha video ya mchezo

video oyun konsolu

baiskeli ya magurudumu

üç tekerlekli bisiklet

matatu

mwanasesere

oyuncak ayı

kabati

gardırop

nguo

kıyafet

soksi

çorap

stokingi

külotlu çorap

kibano

tayt

skafu
eşarp

mwavuli
şemsiye

fulana
tişört

ukanda
kemer

viatu
bot

ndara
terlik

wakufunzi
spor ayakkabı

malapa
sandalet

viatu
ayakkabı

mabuti ya mpira
lastik çizme

suruali ya ndani
külot

sidiria
sütyen

fulana
yelek

nguo - kıyafet

mwili

dar bluz

suruali

pantolon

dangirizi

kot pantolon

sketi

etek

blauzi

bluz

shati

gömlek

vuta

kazak

sweta

süveter

bleza

blazer

jaketi

ceket

koti

mont

koti la mvua

yağmurluk

maleba

kostüm

gauni

elbise

mavazi ya harusi

gelinlik

suti

takım elbise

vazi la usiku

gecelik

pajama

pijama

sari

sari

skafu

baş örtüsü

kilemba

türban

burka

burka

kaftan

kaftan

abaya

çarşaf

vazi la kuogelea

mayo

vazi la kiume la kuogelea

erkek mayosu

kaptura

şort

teitei

eşofman

aproni

önlük

glavu

eldiven

kifungo

düğme

glasi

gözlük

bangili

bilezik

mkufu

kolye

pete

yüzük

herini

küpe

kofia

kep

kiango cha koti

portmanto

kofia

şapka

tai

kravat

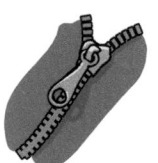

zipu

fermuar

kofia

kask

kanda za suruali

pantolon askısı

sare za shule

okul forması

sare

üniforma

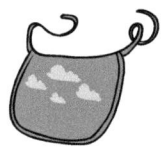

bibu

mama önlüğü

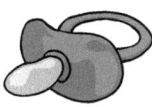

dummy

emzik

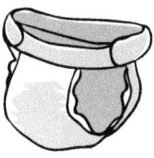

nepi

bebek bezi

ofisi

ofis

seva
sunucu
kabati la kuweka faili
dosya dolabı
kichapishaji
yazıcı
karatasi
kağıt
kiwambo
monitör
kipanya
fare
dawati
masa
folda
klasör
kibodi
klavye
u cha kuweka karatasi chafu
çöp kutusu
kompyuta
bilgisayar
kiti
sandalye

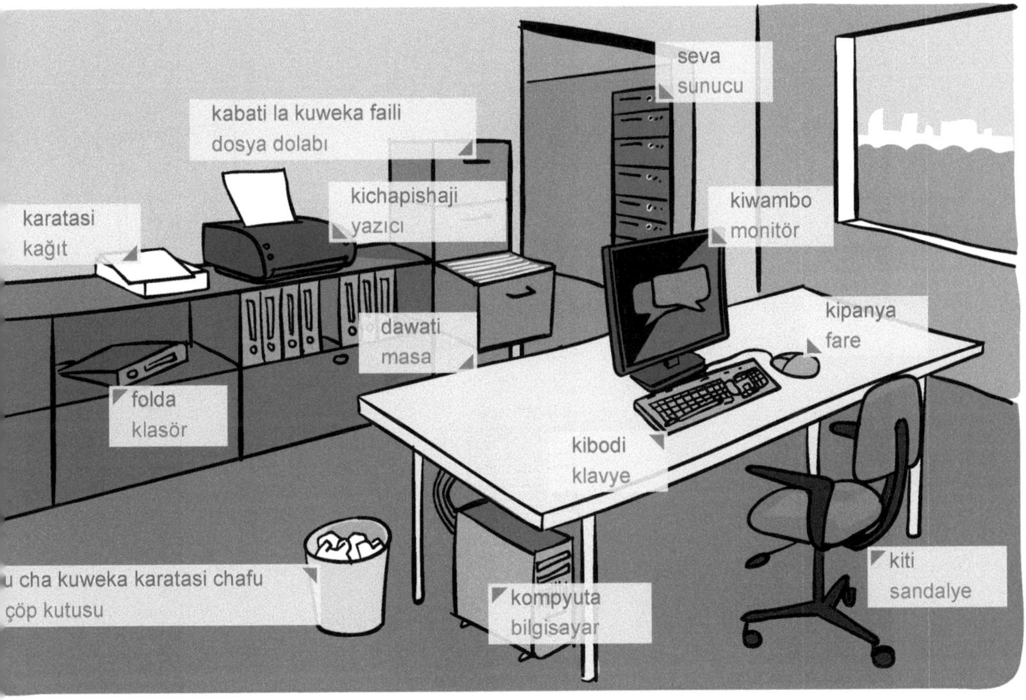

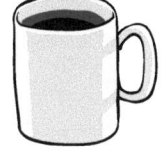

kmobe la kahawa

kahve fincanı

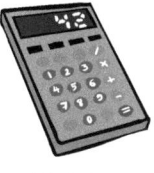

kikokotoo

hesap makinesi

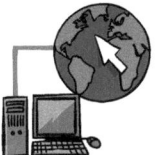

biashara

internet

mbali
....
dizüstü

barua
....
mektup

ujumbe
....
mesaj

rununu
....
cep telefonu

intaneti
....
ağ

fotokopia
....
fotokopi makinesi

programu
....
yazılım

simu
....
telefon

soketi
....
priz

kipepesi
....
faks makinesi

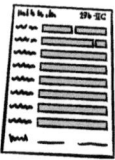

fomu
....
form

hati
....
belge

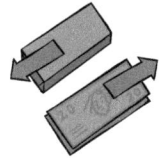

kununua

satın almak

kulipa

ödemek

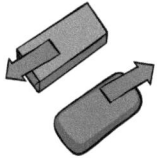

biashara

ticaret yapmak

fedha

para

dola

dolar

yuro

avro

yeni

yen

rouble

ruble

faranga ya Uswisi

İsviçre frangı

renminbi yuan

Çin yuanı

rupia

rupi

eneo la kulipia

kasa

ofisi ya ubadilishanaji
döviz bürosu

dhahabu
altın

fedha
gümüş

mafuta
petrol

nishati
enerji

bei
fiyat

mkataba
kontrat

kodi
vergi

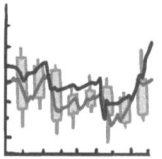

bidhaa
menkul değer

kazi
çalışmak

mfanyakazi
işveren

mwajiri
işçi

kiwanda
fabrika

duka
mağaza

kazi
meslekler

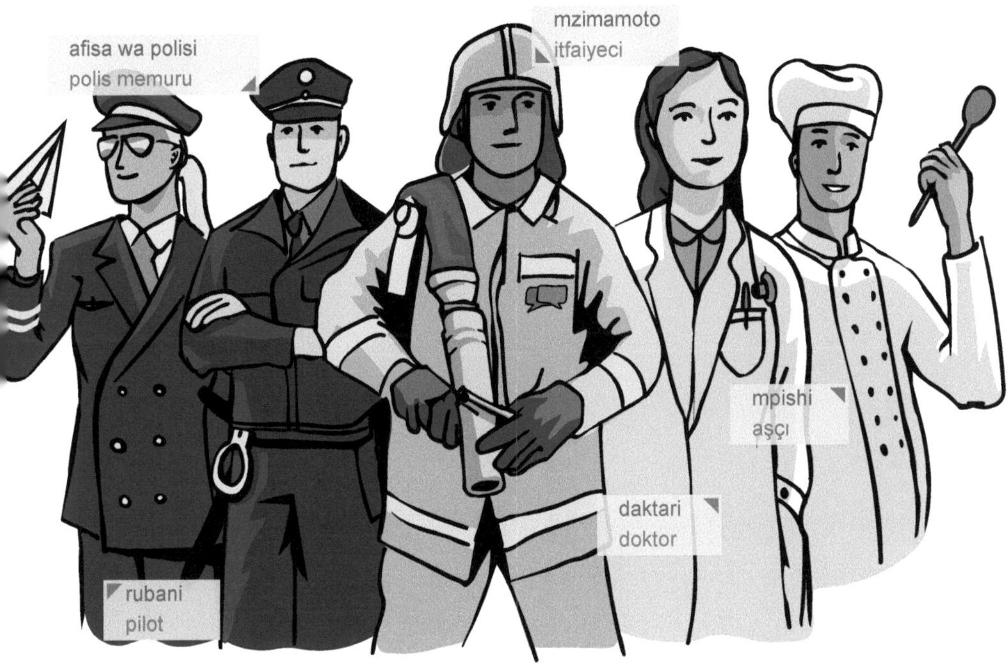

afisa wa polisi
polis memuru
mzimamoto
itfaiyeci
mpishi
aşçı
daktari
doktor
rubani
pilot

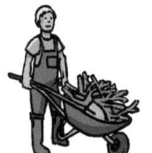

mtunza bustani

bahçıvan

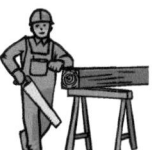

seremala

marangoz

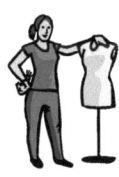

mshonaji

terzi

hakimu

hakim

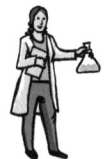

mwanakemia

kimyager

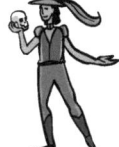

muigizaji

aktör

dereva wa basi

otobüs şoförü

dereva wa teksi

taksi şoförü

mvuvi

balıkçı

mwanamke wa kusafisha

temizlikçi

mwezekaji

çatı ustası

mhudumu

garson

mwindaji

avcı

mchoraji

boyacı

mwokaji

fırıncı

umeme

elektrikçi

mjenzi

inşaatçı

mhandisi

mühendis

mchinjaji

kasap

fundi bomba

muslukçu

mwanaposta

postacı

mwanajeshi

asker

msanifu majengo

mimar

keshia

kasiyer

muuza maua

çiçekçi

msusi

kuaför

kondakta

kondüktör

mekanika

tamirci

nahodha

kaptan

daktari wa meno

dişçi

mwanasayansi

bilim insanı

rabbi

haham

imamu

imam

mtawa

keşiş

kasisi

rahip

zana
aletler

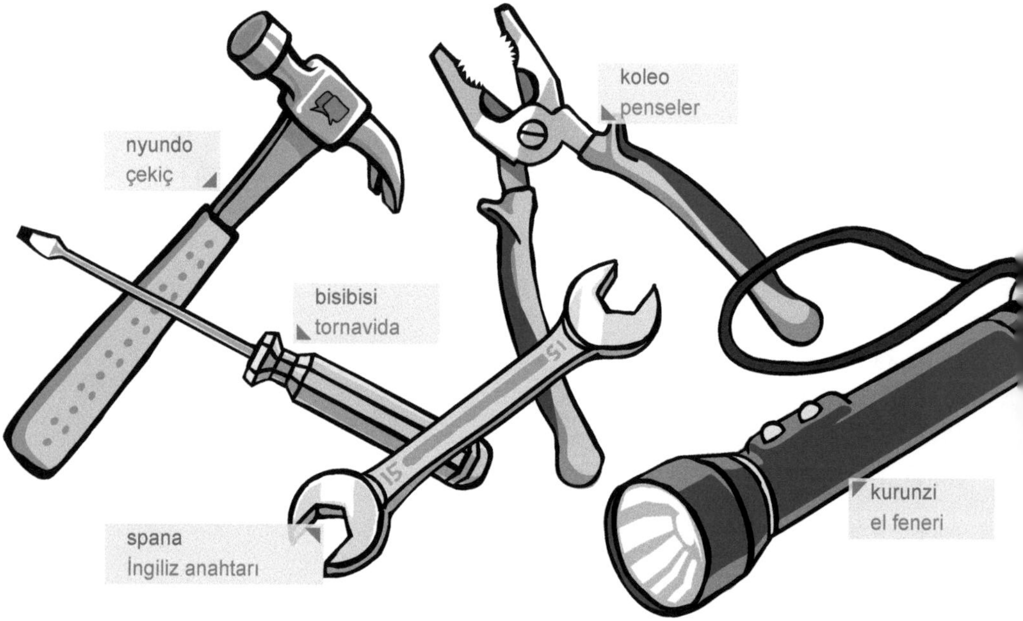

koleo
penseler
nyundo
çekiç
bisibisi
tornavida
spana
İngiliz anahtarı
kurunzi
el feneri

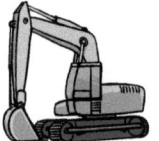

mchimbaji

kazı makinesi

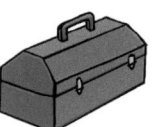

sanduku la vifaa

alet çantası

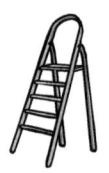

ngazi

merdiven

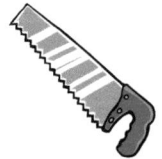

msumeno

testere

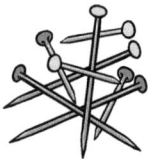

misumari

çiviler

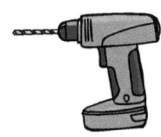

kuchimba visima

matkap

kukarabati
......
tamir etmek

sepetu
......
kürek

Lo!
......
Kahretsin!

kishikio cha uchafu
......
faraş

chungu cha rangi
......
boya tenekesi

skurubu
......
vidalar

ala za muziki
müzik enstrümanı

spika
hoparlör

mpangilio wa ngoma
bateri seti

gita
gitar

besi mara mbili
kontrbas

tarumbeta
trompet

piano
piyano

fidla
keman

ubeji
basgitar

timpani
timpani

ngoma
bateri

kibodi
klavye

saksafoni
saksafon

filimbi
flüt

maikrofoni
mikrofon

ala za muziki - müzik enstrümanı

bustani ya wanyama
hayvanat bahçesi

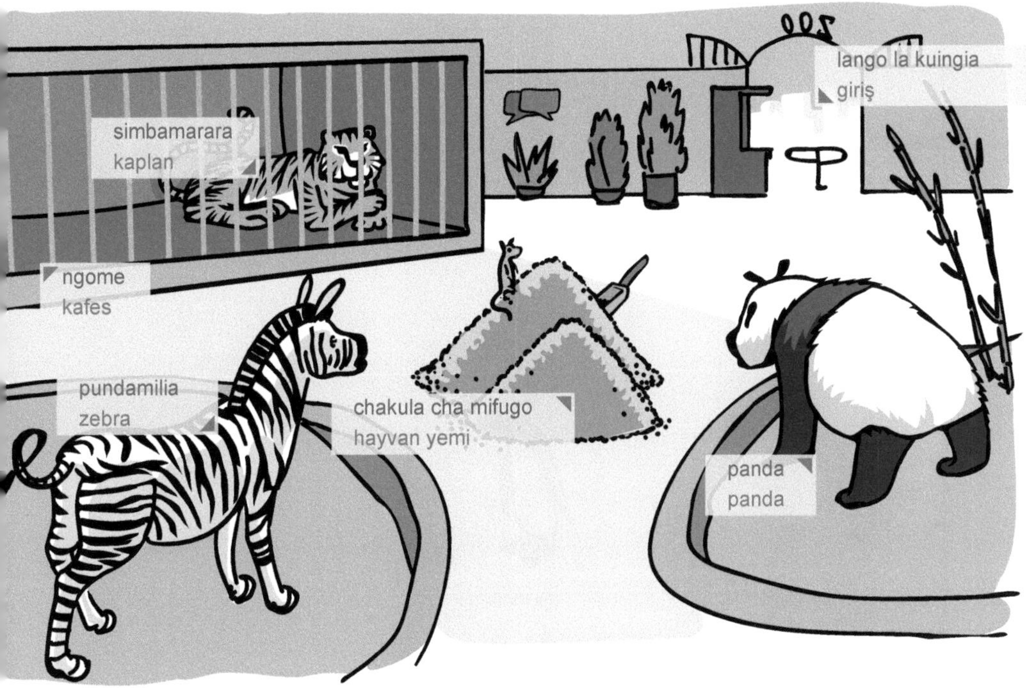

lango la kuingia
giriş
simbamarara
kaplan
ngome
kafes
pundamilia
zebra
chakula cha mifugo
hayvan yemi
panda
panda

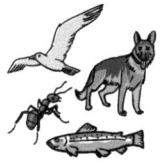

wanyama

hayvanlar

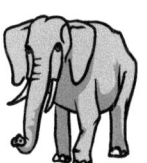

tembo

fil

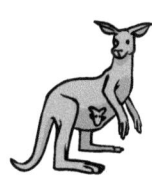

kangaruu

kanguru

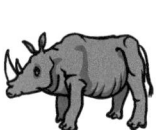

kifaru

gergedan

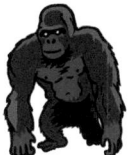

sokwe

goril

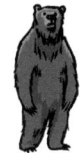

dubu

ayı

ngamia

deve

mbuni

deve kuşu

simba

aslan

tumbili

maymun

heroe

flamingo

kasuku

papağan

dubu

kutup ayısı

penguini

penguen

papa

köpek balığı

tausi

tavus kuşu

nyoka

yılan

mamba

timsah

mtunza wanyama

hayvanat bahçesi görevlisi

muhuri

fok

jaguar

jaguar

mwanafarasi

midilli atı

chui

leopar

kiboko

su aygırı

twiga

zürafa

tai

kartal

nguruwe mwitu

yaban domuzu

samaki

balık

kobe

kaplumbağa

sili

mors

mbweha

tilki

paa

ceylan

soka ya marekani
amerikan futbolu

uendeshaji baiskeli
bisiklete binme

tenisi
tenis

mpira wa kikapu
basketbol

kuogelea
yüzme

ndondi
boks

magongo ya barafuni
buz hokeyi

soka
futbol

vinyoya
badminton

riadha
atletizm

mpira wa mikono
hentbol

skii
kayak

polo
polo

shughuli
etkinlikler

cheka
gülmek
kuruka
atlamak
kumbatia
sarılmak
kutembea
yürümek
kuimba
söylemek
ota ndoto
hayal etmek
kuomba
dua etmek
busu
öpmek

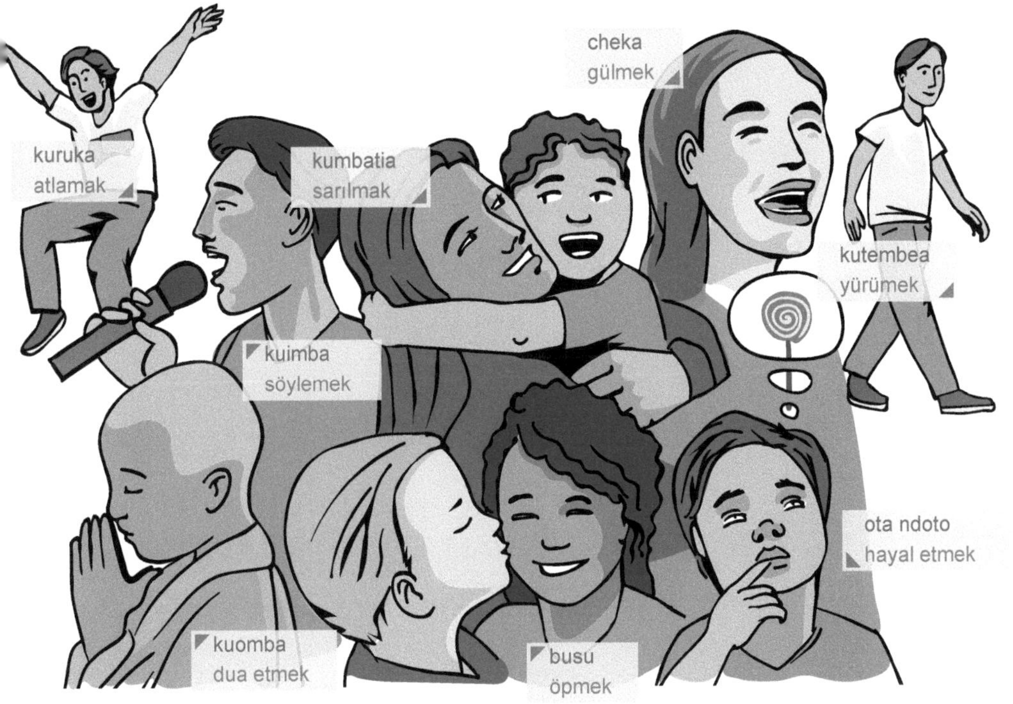

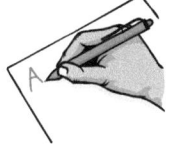

kuandika
yazmak

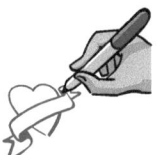

kuteka
çizmek

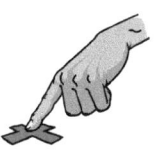

angalia
göstermek

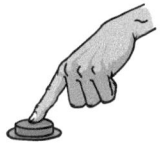

sukuma
itmek

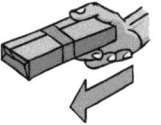

kutoa
vermek

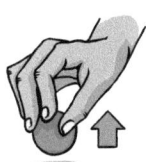

kuchukua
almak

kuwa

sahip olmak

fanya

yapmak

kuwa

olmak

kusimama

ayakta durmak

kukimbia

koşmak

vuta

çekmek

kutupa

atmak

kuanguka

düşmek

hadaa

yalan söylemek

kusubiri

beklemek

kubeba

taşımak

kukaa

oturmak

vaa nguo

giyinmek

usingizi

uyumak

kuamka

uyanmak

kuangalia

bakmak

lia

ağlamak

kiharusi

vurmak

chana nywele

taramak

ongea

konuşmak

kuelewa

anlamak

kuuliza

sormak

kusikiliza

dinlemek

kunywa

içmek

kula

yemek

nadhifisha

düzenlemek

upendo

sevmek

mpishi

pişirmek

gari

sürmek

kuruka

uçmak

meli

denize açılmak

kokotoa

hesapla

kusoma

okumak

kujifunza

öğrenmek

kazi

çalışmak

kuoa

evlenmek

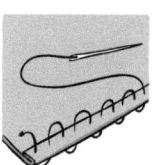

kushona

dikmek

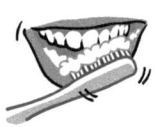

piga mswaki

diş fırçalamak

kuua

öldürmek

moshi

sigara içmek

kutuma

yollamak

bibi
büyükanne

babu
büyükbaba

baba
baba

mama
anne

mtoto
bebek

binti
kız

bin
oğul

mgeni

misafir

shangazi

teyze

mjomba

amca

kaka

erkek kardeş

dada

kız kardeş

mwili
vücut

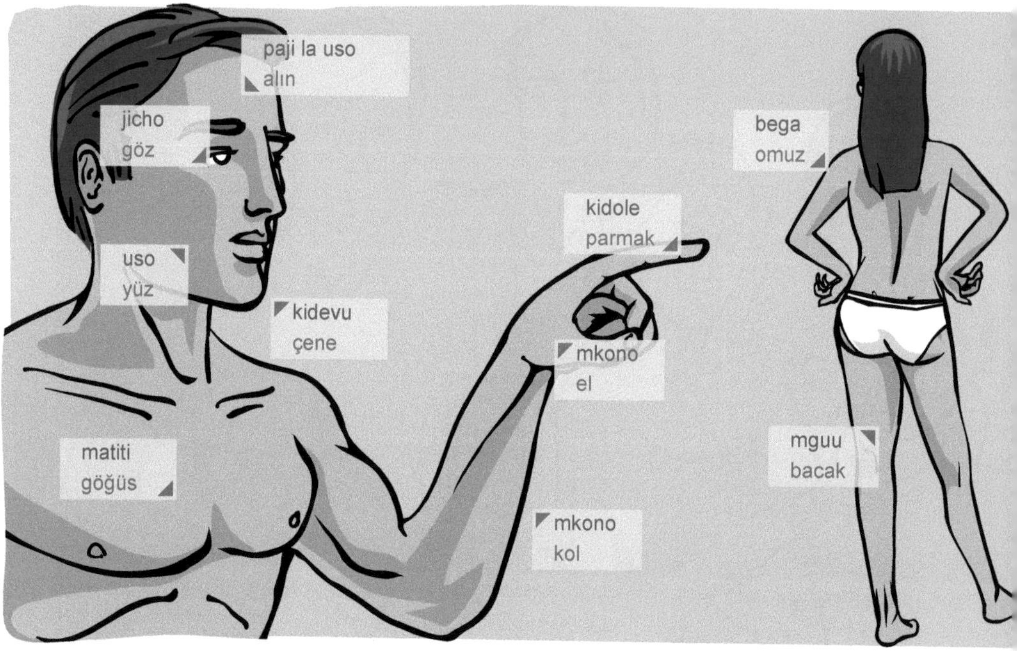
paji la uso
alın
jicho
göz
bega
omuz
kidole
parmak
uso
yüz
kidevu
çene
mkono
el
mguu
bacak
matiti
göğüs
mkono
kol

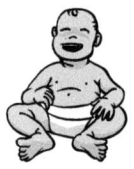

mtoto
bebek

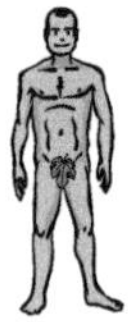

mwanamume
adam

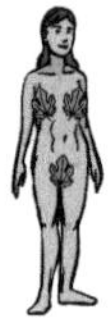

mwanamke
kadın

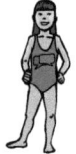

msichana
kız

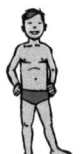

mvulana
erkek çocuk

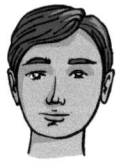

kichwa
baş

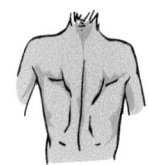

nyuma
....
sırt

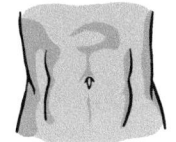

tumbo
....
karın

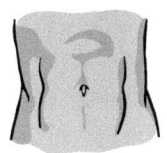

kitovu
....
göbek

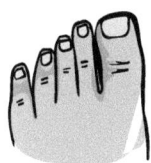

chano
....
ayak parmağı

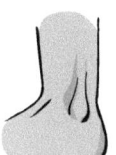

kisigino
....
topuk

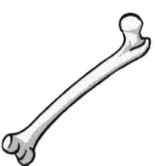

mfupa
....
kemik

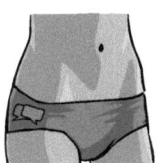

nyonga
....
kalça

goti
....
diz

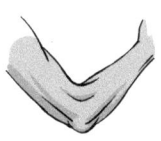

kiwiko
....
dirsek

pua
....
burun

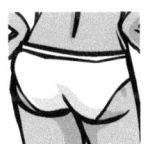

chini
....
kalça

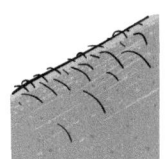

ngozi
....
deri

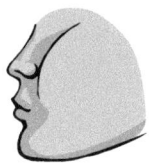

shavu
....
yanak

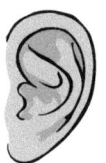

sikio
....
kulak

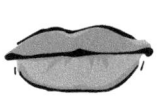

mdomo
....
dudak

mwili - vücut

kinywa

ağız

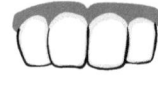

jino

diş

ulimi

dil

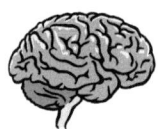

ubongo

beyin

moyo

kalp

misuli

kas

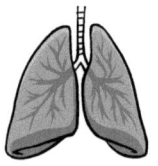

pafu

akciğer

ini

karaciğer

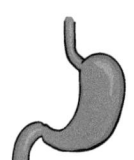

tumbo

mide

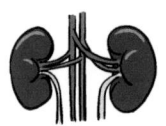

figo

böbrekler

jinsia

seks

kondomu

prezervatif

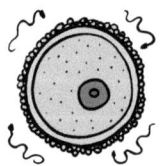

ovari

yumurtalık

shahawa

sperm

mimba

hamilelik

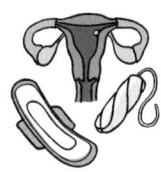

hedhi
regl

uke
vajina

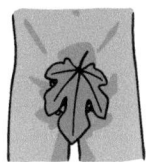

uume
penis

unyusi
kaş

nywele
saç

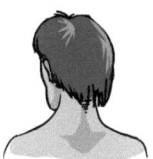

shingo
boyun

hospitali
hastane

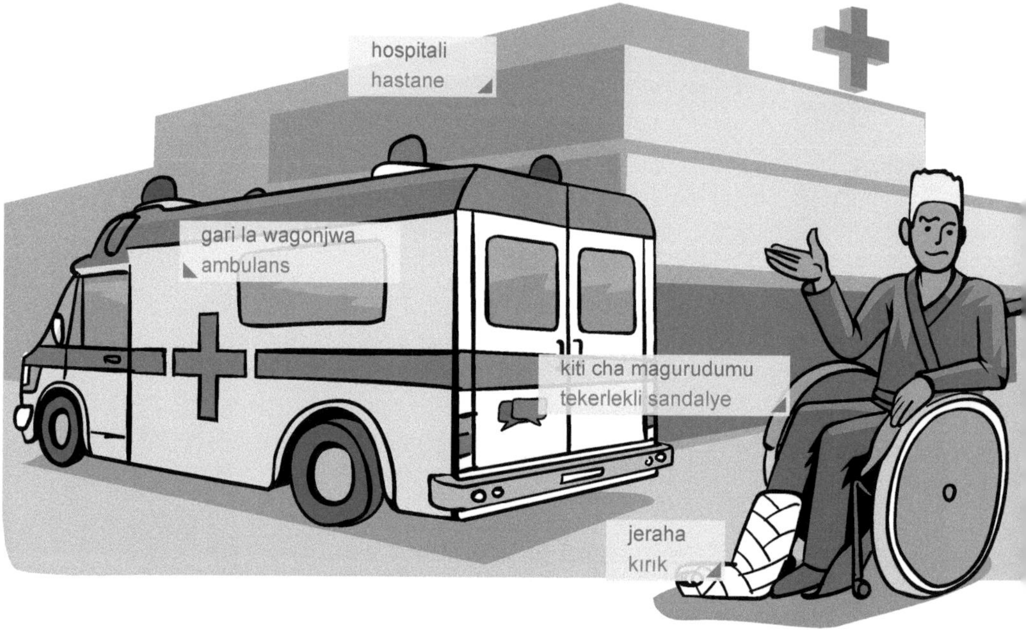

hospitali
hastane
gari la wagonjwa
ambulans
kiti cha magurudumu
tekerlekli sandalye
jeraha
kırık

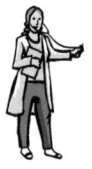

daktari

doktor

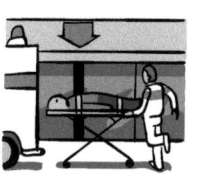

chumba cha dharura

acil servis

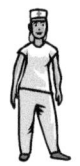

muuguzi

hemşire

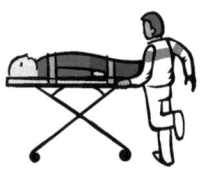

dharura

acil

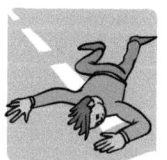

kupoteza fahamu

baygın

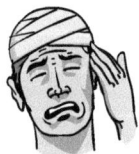

maumivu

acı

kuumia

yaralanma

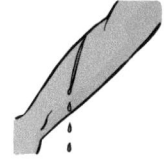

kutokwa na damu

kanama

mshtuko wa moyo

kalp krizi

kiharusi

felç

mzio

alerji

kikohozi

öksürük

homa

ateş

mafua

grip

kuharisha

ishal

maumivu ya kichwa

baş ağrısı

kansa

kanser

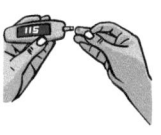

ugonjwa wa kisukari

şeker hastalığı

daktari mpasuaji

cerrah

kisu kidogo cha kupasulia

neşter

operesheni

operasyon

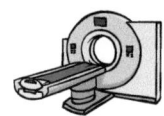

picha changanufu ya mwili

bilgisayarlı tomografi

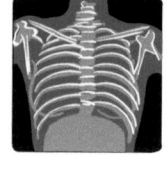

Eksrei

röntgen

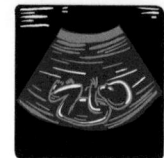

mawimbi sauti

ultrason

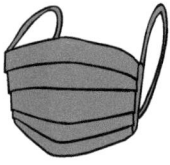

barakoa ya uso

yüz maskesi

ugonjwa

hastalık

chumba cha kusubiri

bekleme odası

mkongojo

koltuk değneği

plasta

yara bandı

bendeji

bandaj

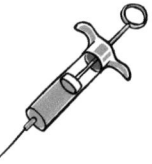

sindano

enjeksiyon

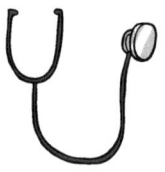

stetoskopu

steteskop

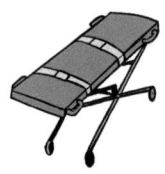

machela

sedye

kipimajoto cha kliniki

tıbbi termometre

kuzaliwa

doğum

unene kupita kiasi

fazla kilo

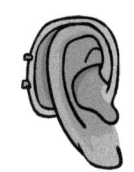

kusikia misaada

işitme cihazı

kipukusi

dezenfektan

maambukizi

enfeksiyon

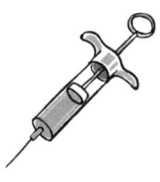

virusi

virüs

VVU / UKIMWI

HIV / AIDS

dawa

ilaç

chanjo

aşı

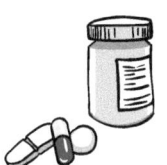

vidonge

tablet

kidonge

hap

simu ya dharura

acil çağrı

haemodainamometa

tansiyon aleti

mgonjwa / mwenye afya

hasta / sağlıklı

Msaada!
İmdat!

pigo
darp

shambulizi
saldırı

hatari
tehlike

lango la dharura
acil çıkış

Moto!
Yangın!

kizima moto
yangın tüpü

ajali
kaza

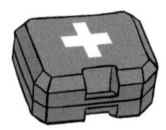

vifaa vya huduma ya kwanza
ilk yardım çantası

wito wa msaada
imdat

polisi
polis

Ulaya

Avrupa

Amerika ya Kaskazini

Kuzey Amerika

Amerika ya Kusini

Güney amerika

Afrika

Afrika

Asia

Asya

Australia

Avustralya

Atlantiki

Atlantik

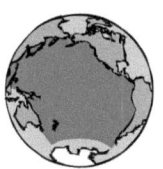

Pasifiki

Pasifik

Bahari ya Hindi

Hint Okyanusu

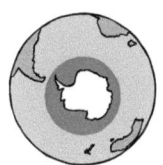

Bahari ya Antaktiki

Antarktika Okyanusu

Bahari ya Aktiki

Arktik Okyanusu

Ncha ya Kaskazini

Kuzey Kutbu

Ncha ya Kusini

Güney Kutbu

Antaktika

Antarktika

dunia

dünya

nchi

kara

bahari

deniz

kisiwa

ada

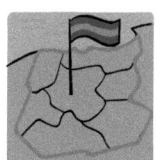

taifa

ulus

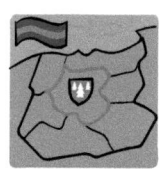

jimbo

ülke

78

dunia - dünya

uso wa saa

kadran

akrabu ya saa

akrep

akrabu ya dakika

yelkovan

akrabu ya sekunde

saniye ibresi

Ni saa ngapi?

Saat kaç?

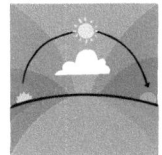

siku

gün

wakati

zaman

sasa

şimdi

saa ya dijitali

dijital saat

dakika

dakika

saa

saat

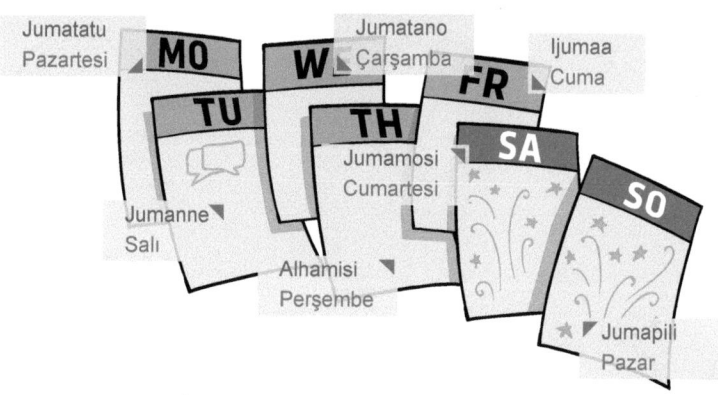

Jumatatu / Pazartesi
MO
W — Jumatano / Çarşamba
TU
TH
FR — Ijumaa / Cuma
SA
Jumamosi / Cumartesi
Jumanne / Salı
Alhamisi / Perşembe
SO
Jumapili / Pazar

jana

dün

leo

bugün

kesho

yarın

asubuhi

sabah

saa sita mchana

öğle

jioni

akşam

MO	TU	WE	TH	FR	SA	SU
1	2	3	4	5	6	7
8	9	10	11	12	13	14
15	16	17	18	19	20	21
22	23	24	25	26	27	28
29	30	31	1	2	3	4

siku za biashara

iş günleri

MO	TU	WE	TH	FR	SA	SU
1	2	3	4	5	6	7
8	9	10	11	12	13	14
15	16	17	18	19	20	21
22	23	24	25	26	27	28
29	30	31	1	2	3	4

mwishoni mwa wiki

hafta sonu

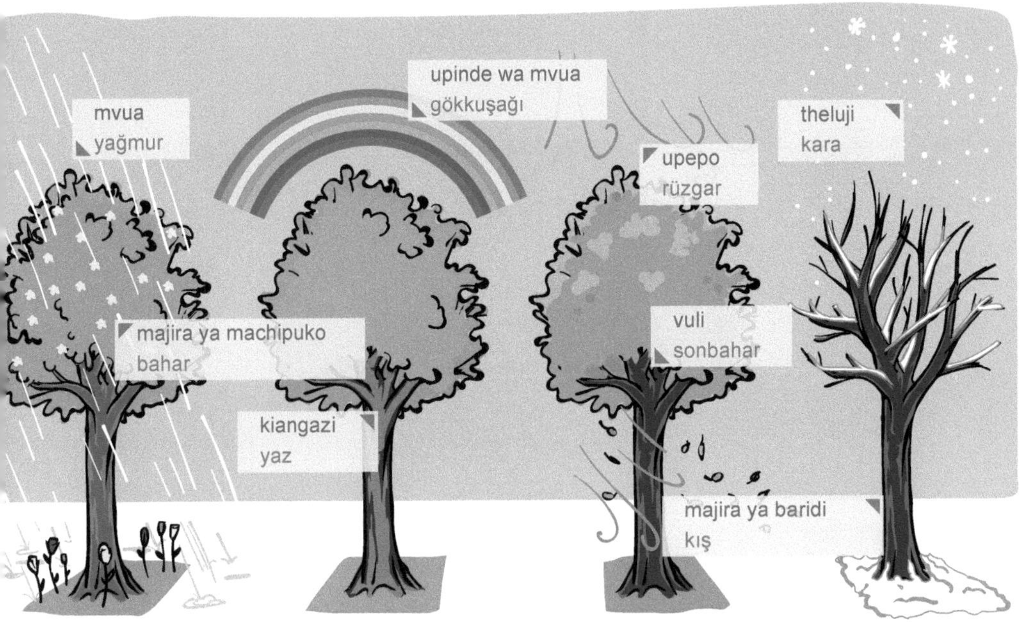

mvua
yağmur
upinde wa mvua
gökkuşağı
upepo
rüzgar
theluji
kara
majira ya machipuko
bahar
kiangazi
yaz
vuli
sonbahar
majira ya baridi
kış

4.APRIL 11°
5.APRIL 4°
6.APRIL 13°
7.APRIL 8°
8.APRIL 10°

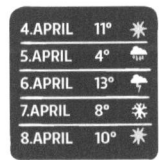

utabiri wa hali ya hewa

hava durumu tahmini

F
C
120
90
60
30
0
-30
40
30
20
10
0
-10
-20

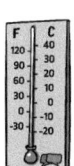

kipimajoto

termometre

mwanga wa jua

güneş ışığı

wingu

bulut

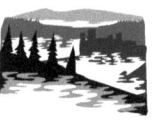

ukungu

sis

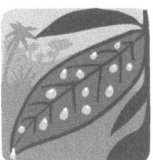

unyevu

nem

umeme

şimşek

radi

gök gürültüsü

dhoruba

fırtına

mvua ya mawe

dolu

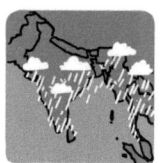

monsuni

muson

mafuriko

sel

barafu

buz

Januari

Ocak

Februari

Şubat

Machi

Mart

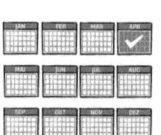

Aprili

Nisan

Mei

Mayıs

Juni

Haziran

Julai

Temmuz

Agosti

Ağustos

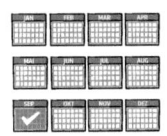

Septemba

Eylül

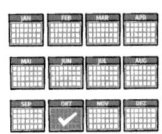

Oktoba

Ekim

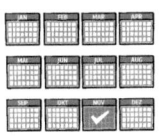

Novemba

Kasım

Desemba

Aralık

mduara

daire

mraba

kare

mstatili

dikdörtgen

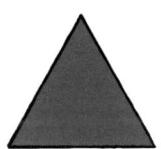

pembetatu

üçgen

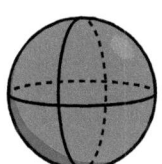

nyanja

küre

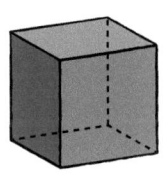

mchemraba

küp

nyeupe

beyaz

manjano

sarı

chungwa

turuncu

rangi ya waridi

pembe

nyekundu

kırmızı

hudhurungi

mor

bluu

mavi

kijani

yeşil

hanja

kahverengi

jivujivu

gri

nyeusi

siyah

mengi / kidogo

çok / az

hasira / pole

kızgın / sakin

nzuri / mbaya

güzel / çirkin

mwanzo / mwisho

başlangıç / son

kubwa / ndogo

büyük / küçük

angavu / giza

parlak / karanlık

kaka / dada

erkek kardeş / kız kardeş

safi / chafu

temiz / kirli

kamilika / tokamilika

tamam / eksik

siku / usiku

gün / gece

wafu / hai

ölü / canlı

pana / nyembamba

geniş / dar

kulika / kutolika

yenilebilir / yenilemez

ovu / ema

kötü / iyi

sisimkwa / udhika

heyecanlı / sıkılmış

nene / nyembamba

şişman / zayıf

kwanza / mwisho

ilk / son

rafiki / adui

dost / düşman

jaa / tupu

dolu / boş

ngumu / laini

sert / yumuşak

nzito / nyepesi

ağır / hafif

njaa / kiu

açlık / susuzluk

mgonjwa / mwenye afya

hasta / sağlıklı

haramu / kisheria

yasa dışı / yasal

akili / kijinga

zeki / aptal

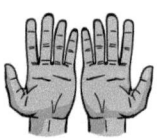

kushoto / kulia

sol / sağ

karibu / mbali

yakın / uzak

mpya / kutumika

yeni / kullanılmış

kitu / jambo

hiçbir şey / bir şey

zee / changa

yaşlı / genç

waka / zima

açma / kapama

wazi / fungwa

açık / kapalı

utulivu / kelele

sessiz / gürültülü

tajiri / masikini

zengin / fakir

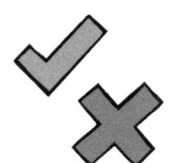

sahihi / kosa

doğru / yanlış

mbaya / laini

pürüzlü / düz

huzunika / furahia

üzgün / mutlu

fupi /ndefu

kısa / uzun

polepole / haraka

yavaş / hızlı

nyevu / kavu

ıslak / kuru

joto / baridi

sıcak / serin

vita / amani

savaş / barış

0	**1**	**2**
sufuri	moja	mbili
sıfır	bir	iki

3	**4**	**5**
tatu	nne	tano
üç	dört	beş

6	**7**	**8**
sita	saba	nane
altı	yedi	sekiz

9	**10**	**11**
tisa	kumi	kumi na moja
dokuz	on	on bir

12

kumi na mbili

on iki

13

kumi na tatu

on üç

14

kumi na nne

on dört

15

kumi na tano

on beş

16

kumi na sita

on altı

17

kumi na saba

on yedi

18

kumi na nane

on sekiz

19

kumi na tisa

on dokuz

20

ishirini

yirmi

100

mia

yüz

1.000

elfu

bin

1.000.000

milioni

milyon

Kiingereza

İngilizce

Kiingereza cha Marekani

Amerikan İngilizcesi

Kimandarini cha Uchina

Çince (Mandarin)

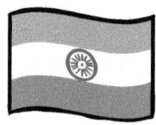

Kihindi

Hintçe

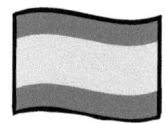

Kihispania

İspanyolca

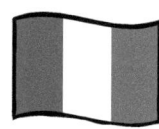

Kifaransa

Fransızca

Kiarabu

Arapça

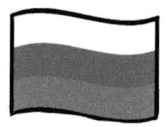

Kirusi

Rusça

Kireno

Portekizce

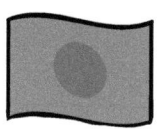

Kibengali

Bengalce

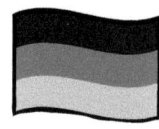

Kijerumani

Almanca

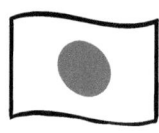

Kijapani

Japonca

mimi

ben

wewe

sen

yeye / yeye / ni

o

sisi

biz

wewe

siz

wao

onlar

nani?

kim?

nini?

ne?

jinsi gani?

nasıl?

wapi?

nerede?

lini?

ne zaman?

jina

isim

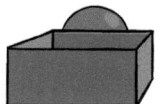

nyuma

arkasında

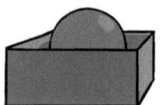

katika

içinde

mbele ya

önünde

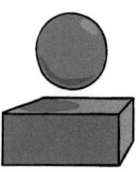

juu ya

üzerinde

kwenye

üstünde

chini ya

altında

kando

yanında

kati

arasında

mahali

yer